Mystery Mosaics
Color By Number

This Book Belongs To

_____

_____

_____

Introduction

With this coloring book you will get:

- 26 Color-by-number pixel designs will catch your imagination.

- One-side designs with black backsides for non-bleeding through.

- 28-color palette to follow and to find the necessary colors

- This is the perfect book to take on the go: it is in letter-size format and it doesn't weigh much.

- Relaxing and Maditative – the designs are perfect to feel mindfulness, color therapy, mediation and calmness.

Ways To Color

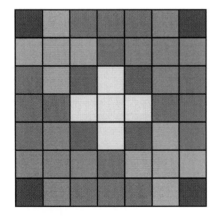
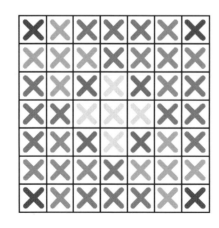
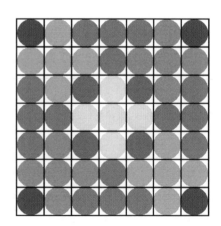

Fill Square   Cross Stitch   Fill Circle

Your Color Palette

Dark Blue	1		15	Light Gray
Medium Blue	2		16	Medium Gray
Sky Blue	3		17	Dark Gray
Light Blue	4		18	Cream
Yellow Green	5		19	Tan
Medium Green	6		20	Light Brown
Bright Green	7		21	Brown
Dark Green	8		22	Dark Brown
Dark Red	9		23	Pink
Red	10		24	Hot Pink
Salmon	11		25	Dark Pink
Dark Orange	12		26	Violet
Light Orange	13		27	Dark Purple
Yellow	14		28	Black

Blank White

– Note –

Full-color solutions for the color-by-number pages are included
in the back of the book.
If you don't have the exact color in your color collection,
feel free to use a similar color,
or even a completely different color if you like.
Palette is suggestion.
Let's relax enjoy ourselves!

0 (Medium Blue)

1 (Dark Orange)

2 (Dark Blue)

3 (Dark Red)

4 (Light Orange)

5 (Dark Pink)

6 (Black)

7 (Red)

8 (Yellow Green)

9 (Dark Green)

10 (Salmon)

11 (Dark Purple)

12 (HotPink)

13 (Sky Blue)

14 (Light Blue)

15 (Bright Green)

(Blank White)

17 (Yellow)

1

0   (Black)

(Blank White)

2   (Cream)

3   (Medium Green)

4   (Yellow Green)

5   (Dark Gray)

6   (Dark Purple)

7   (Dark Blue)

8   (Dark Green)

9   (Bright Green)

10   (Salmon)

11   (Red)

12   (Light Gray)

13   (Medium Gray)

2

0 (Black)

(Blank White)

2 (Light Blue)

3 (Salmon)

4 (Red)

5 (Light Gray)

6 (Dark Green)

7 (Dark Gray)

8 (Dark Red)

9 (Medium Gray)

10 (Bright Green)

11 (Brown)

12 (Sky Blue)

13 (Dark Brown)

14 (Yellow Green)

15 (Light Brown)

16 (Pink)

17 (Tan)

18 (Dark Orange)

19 (Light Orange)

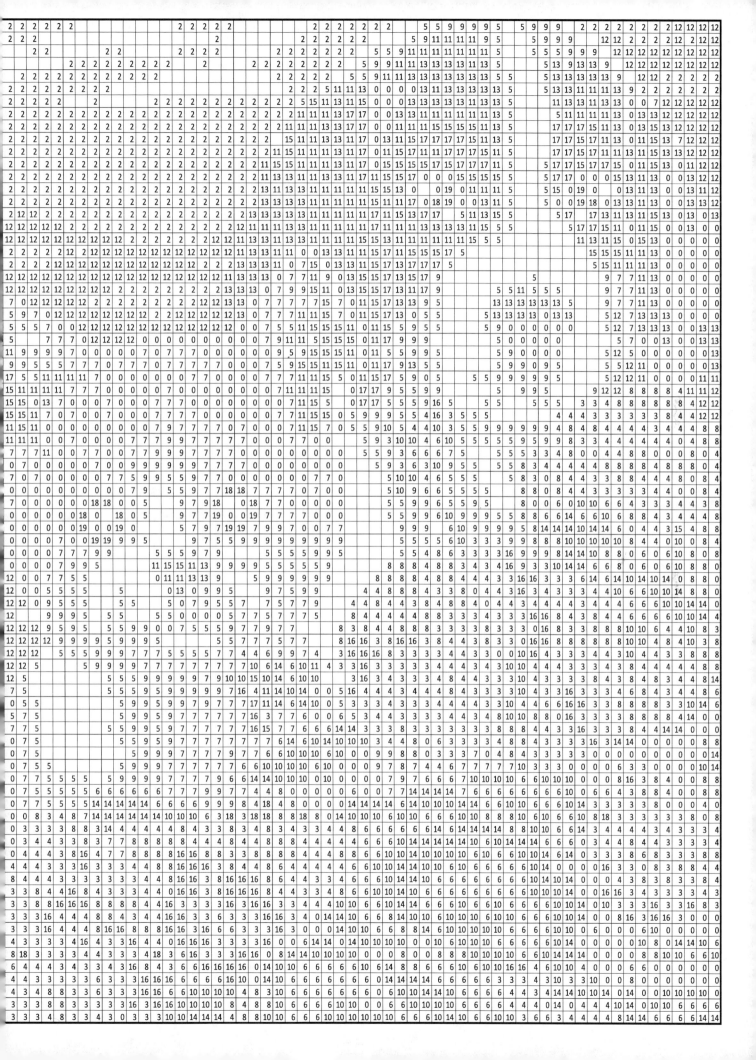

0   (Tan)
1   (Dark Gray)
    (Blank White)
3   (Medium Gray)
4   (Light Gray)
5   (Sky Blue)
6   (Light Blue)
7   (Yellow)
8   (Black)
9   (Medium Blue)
10 (Light Orange)
11 (Dark Orange)

4

0   (Light Orange)
1   (Dark Orange)
2   (Red)
3   (Dark Red)
4   (Yellow)
5   (Black)
6   (Dark Blue)
7   (Dark Purple)
8   (Salmon)
9   (Medium Blue)
10 (Bright Green)
11 (Dark Green)
12 (Yellow Green)
13 (Dark Pink)
14 (HotPink)

5

0   (Black)
1   (Dark Green)
2   (Bright Green)
3   (Medium Blue)
    (Blank White)
5   (Salmon)
6   (Yellow Green)
7   (Dark Blue)
8   (Sky Blue)
9   (Brown)
10 (Red)
11 (Dark Brown)
12 (Dark Red)
13 (Light Blue)
14 (Light Brown)
15 (Pink)
16 (Tan)
17 (Light Gray)
18 (Light Orange)

6

(Blank White)
1 (Black)
2 (Cream)
3 (Dark Blue)
4 (Light Blue)
5 (Dark Purple)
6 (Tan)
7 (Light Brown)
8 (Violet)
9 (Brown)
10 (Dark Orange)
11 (Bright Green)
12 (Dark Red)
13 (Light Orange)
14 (Dark Green)
15 (Pink)
16 (HotPink)
17 (Dark Gray)
18 (Dark Pink)
19 (Light Gray)
20 (Dark Brown)
21 (Medium Gray)

0 (Black)

1 (Dark Green)

2 (Medium Green)

3 (Red)

4 (Light Blue)

5 (Dark Red)

6 (Sky Blue)

   (Blank White)

8 (Medium Gray)

9 (Light Gray)

10 (Yellow Green)

11 (Dark Orange)

12 (Light Orange)

13 (Dark Gray)

14 (Salmon)

15 (Dark Purple)

0   (Black)

1   (Tan)

2   (Light Brown)

3   (Dark Green)

4   (Light Blue)

5   (Dark Brown)

6   (Bright Green)

7   (Dark Blue)

8   (Medium Blue)

9

(Blank White)

10 (Dark Red)

11 (Brown)

12 (Red)

13 (Sky Blue)

14 (Yellow Green)

15 (Cream)

16 (Salmon)

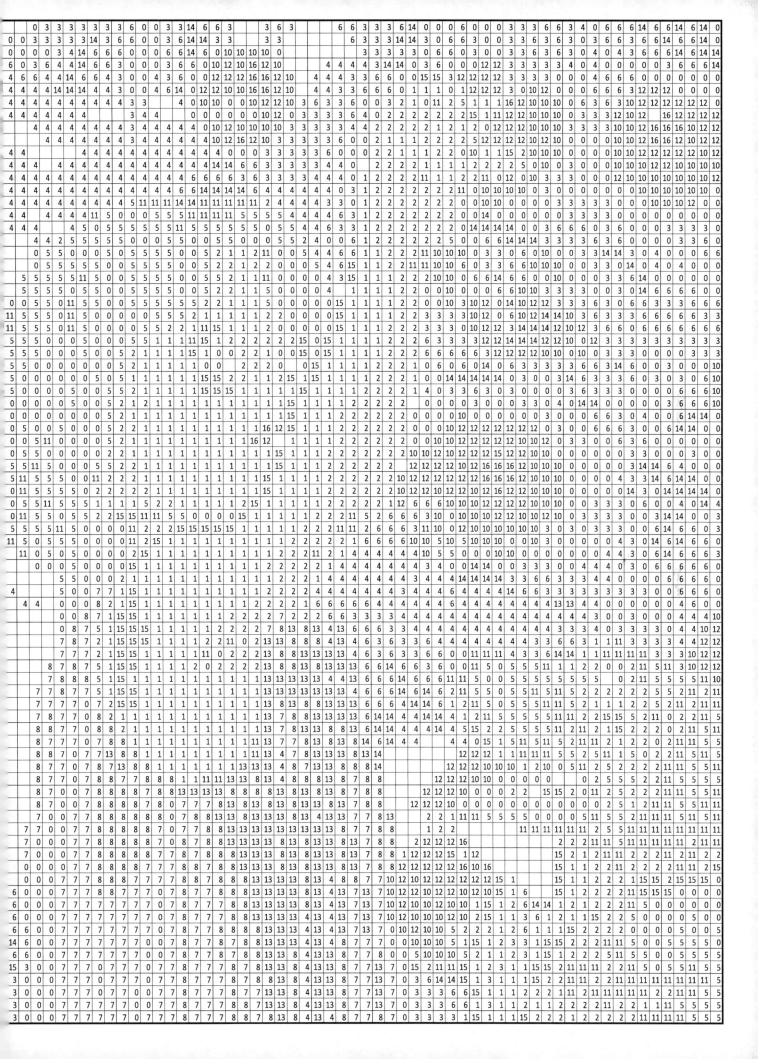

0   (Bright Green)
1   (Dark Green)
2   (Black)
3   (Light Blue)
4   (Brown)
5   (Medium Gray)
6   (Dark Gray)
7   (Yellow Green)
8   (Light Gray)
     (Blank White)
10   (Light Brown)
11   (Dark Brown)
12   (Red)
13   (Dark Red)
14   (Tan)
15   (Salmon)
16   (Dark Orange)
17   (Light Orange)
18   (Medium Green)

10

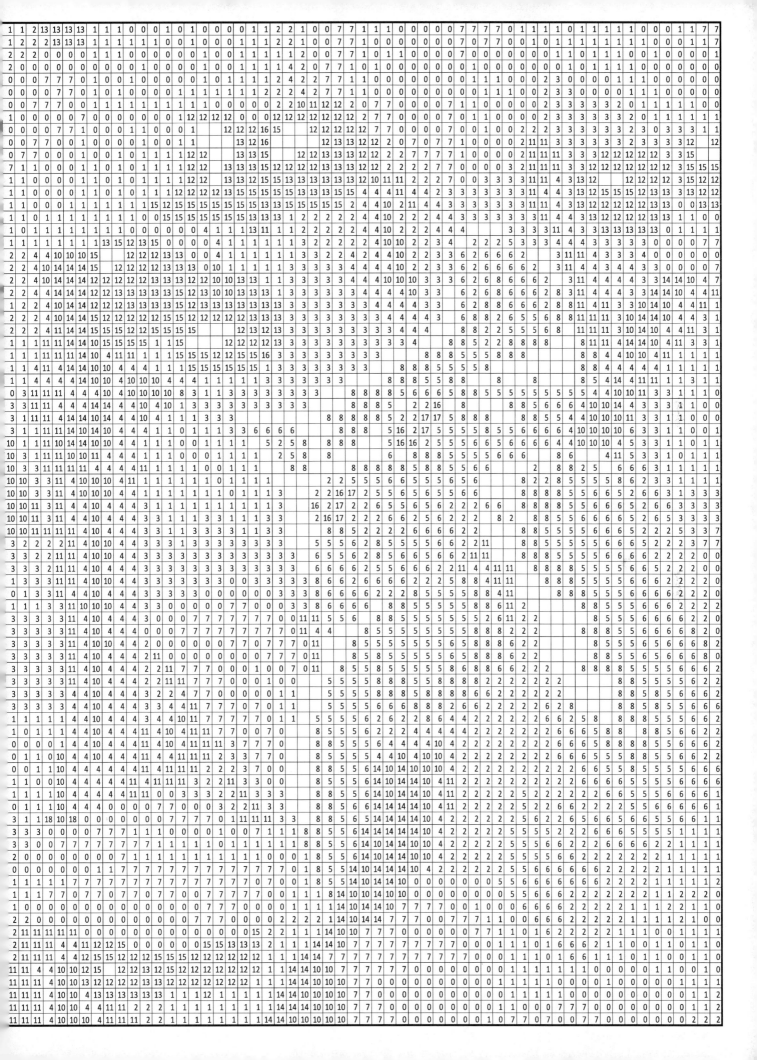

0   (Black)
1   (Light Brown)
    (Blank White)
3   (Cream)
4   (Tan)
5   (Bright Green)
6   (Dark Brown)
7   (Yellow Green)
8   (Brown)
9   (Dark Green)
10 (Medium Gray)
11 (Yellow)
12 (Light Gray)
13 (Dark Gray)
14 (Light Orange)
15 (Salmon)
16 (Red)
17 (Dark Red)
18 (Dark Orange)

11

0 (Sky Blue)

1 (Light Blue)

2 (Pink)

   (Blank White)

4 (Dark Purple)

5 (Violet)

6 (HotPink)

7 (Medium Gray)

12

0 (Black)

1 (Medium Gray)

2 (Dark Gray)

3 (Brown)

4 (Light Orange)

5 (Light Gray)

6 (Light Brown)

7 (Tan)

8 (Dark Brown)

9 (Dark Green)

10 (Yellow)

11 (Dark Purple)

12 (Dark Orange)

13 (Violet)

14 (Bright Green)

(Blank White)

16 (Sky Blue)

17 (Yellow Green)

13

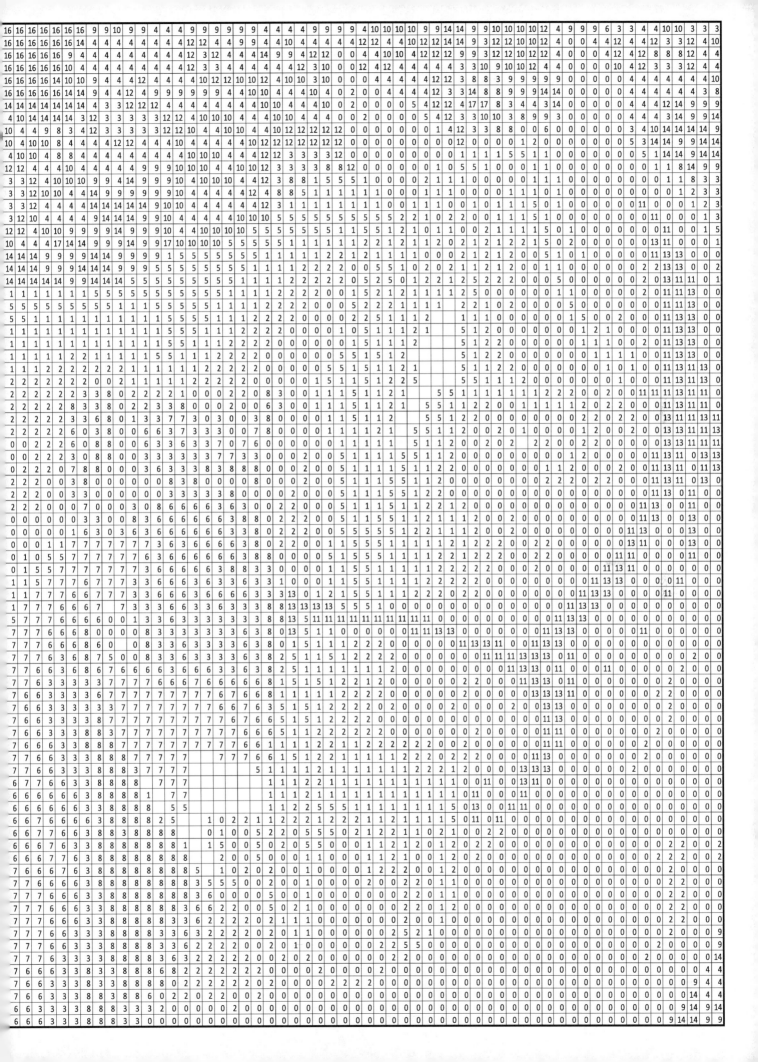

0   (Black)

1   (HotPink)

2   (Medium Gray)

3   (Bright Green)

4   (Violet)

5   (Pink)

6   (Yellow Green)

    (Blank White)

8   (Light Blue)

9   (Dark Gray)

10 (Cream)

11 (Dark Pink)

12 (Dark Green)

13 (Light Gray)

14 (Sky Blue)

15 (Dark Purple)

14

0 (HotPink)
1 (Light Brown)
2 (Brown)
3 (Cream)
4 (Dark Pink)
5 (Tan)
6 (Dark Red)
(Blank White)
8 (Dark Brown)
9 (Black)
10 (Medium Gray)
11 (Dark Gray)
12 (Light Gray)

15

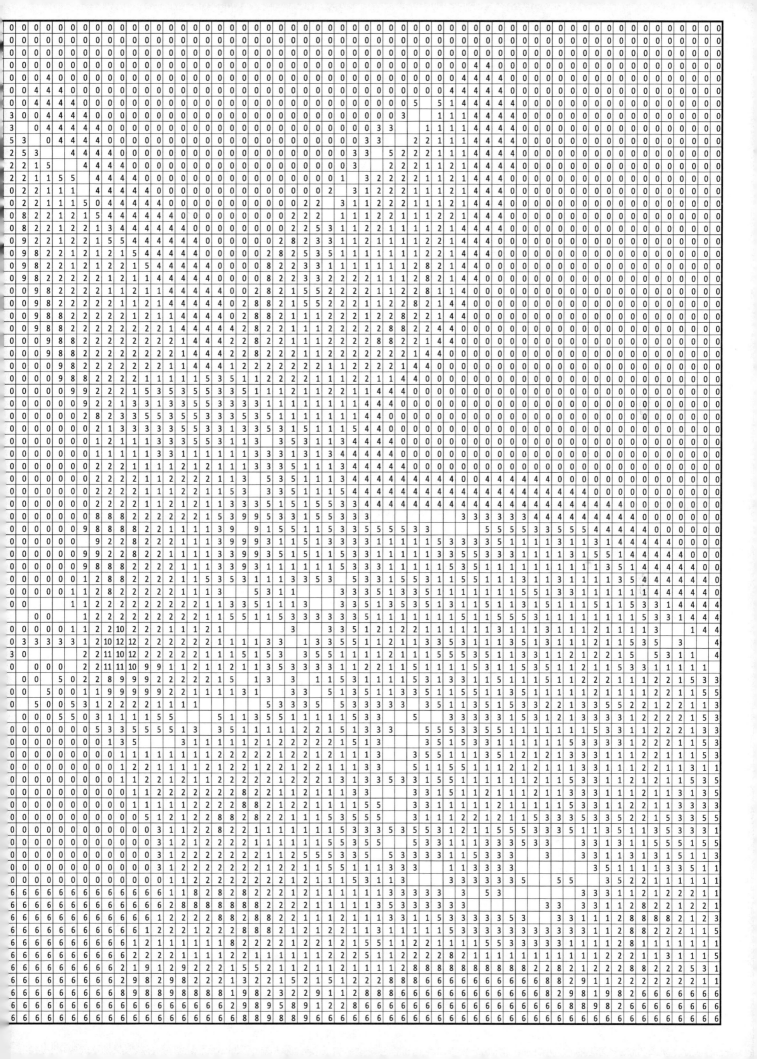

0   (Salmon)

1   (Black)

2   (Dark Orange)

    (Blank White)

4   (Dark Red)

5   (Light Orange)

6   (Dark Brown)

7   (Cream)

8   (Dark Gray)

9   (Dark Green)

10   (Bright Green)

11   (Medium Green)

12   (Sky Blue)

16

0   (Brown)

1   (Dark Brown)

2   (Black)

3   (Light Brown)

4   (Salmon)

5   (Tan)

6   (Cream)

    (Blank White)

8   (Dark Blue)

9   (Medium Blue)

17

0 (Medium Blue)

1 (Dark Blue)

2 (Red)

3 (Light Brown)

4 (Light Orange)

   (Blank White)

6 (Dark Red)

7 (Salmon)

8 (Brown)

9 (Dark Orange)

10 (Light Gray)

11 (Black)

12 (Dark Gray)

13 (Medium Gray)

18

0   (Black)

1   (Yellow)

2   (Cream)

3   (Light Orange)

4   (Tan)

5   (Bright Green)

6   (Brown)

7   (Yellow Green)

8   (Light Brown)

9   (Dark Brown)

10 (Red)

    (Blank White)

12 (Light Gray)

13 (Dark Gray)

14 (Dark Green)

15 (Medium Gray)

16 (Dark Orange)

17 (Salmon)

18 (Dark Red)

19 (Sky Blue)

20 (Light Blue)

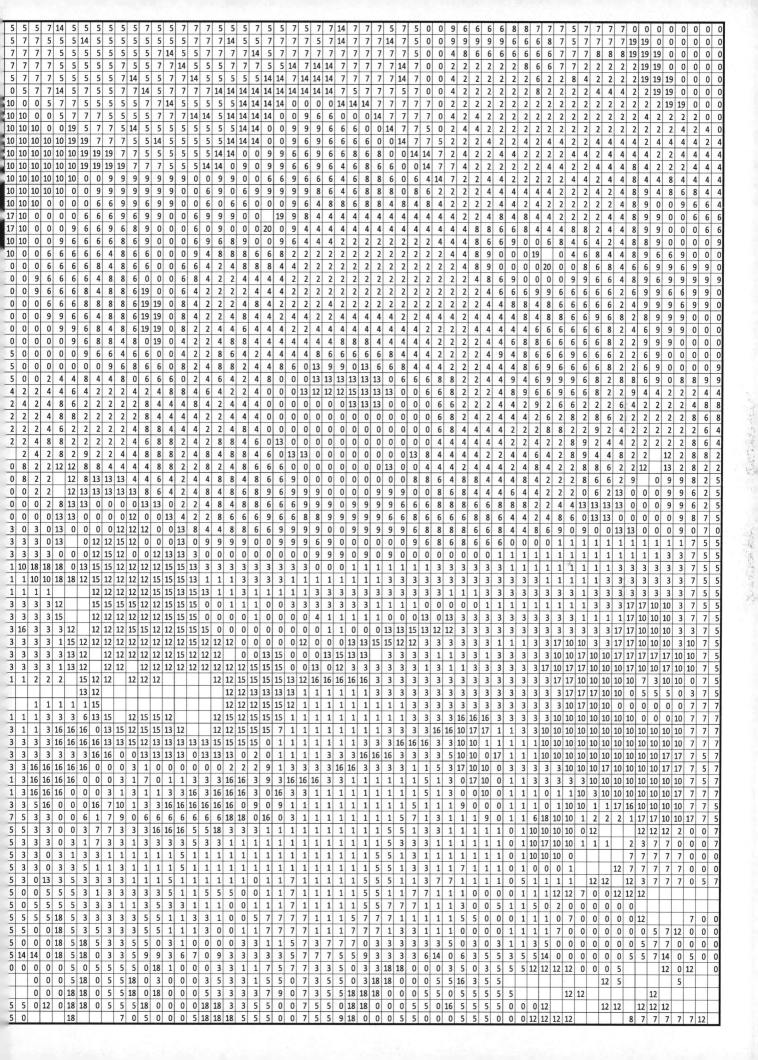

0 (Yellow)

1 (Salmon)

2 (Yellow Green)

3 (Dark Pink)

4 (Bright Green)

5 (Light Orange)

6 (Pink)

7 (Dark Green)

8 (Dark Orange)

9 (Cream)

10 (Dark Red)

11 (Black)

12 (Medium Blue)

13 (HotPink)

14 (Dark Blue)

15 (Red)

16 (Sky Blue)

(Blank White)

0   (Dark Pink)

1   (Dark Purple)

2   (Pink)

3   (Bright Green)

4   (HotPink)

5   (Salmon)

6   (Sky Blue)

7   (Black)

8   (Light Blue)

     (Blank White)

10 (Dark Green)

11 (Dark Brown)

12 (Medium Green)

13 (Tan)

14 (Yellow Green)

15 (Yellow)

16 (Light Orange)

17 (Light Brown)

18 (Brown)

21

0 (Bright Green)

(Blank White)

2 (Black)

3 (Brown)

4 (Light Orange)

5 (Light Gray)

6 (Medium Gray)

7 (Dark Green)

8 (Yellow Green)

9 (Dark Brown)

10 (Yellow)

11 (Dark Purple)

12 (Dark Blue)

13 (Dark Orange)

14 (Light Brown)

15 (Light Blue)

16 (Medium Blue)

17 (Violet)

18 (HotPink)

19 (Salmon)

20 (Dark Pink)

21 (Dark Gray)

22 (Sky Blue)

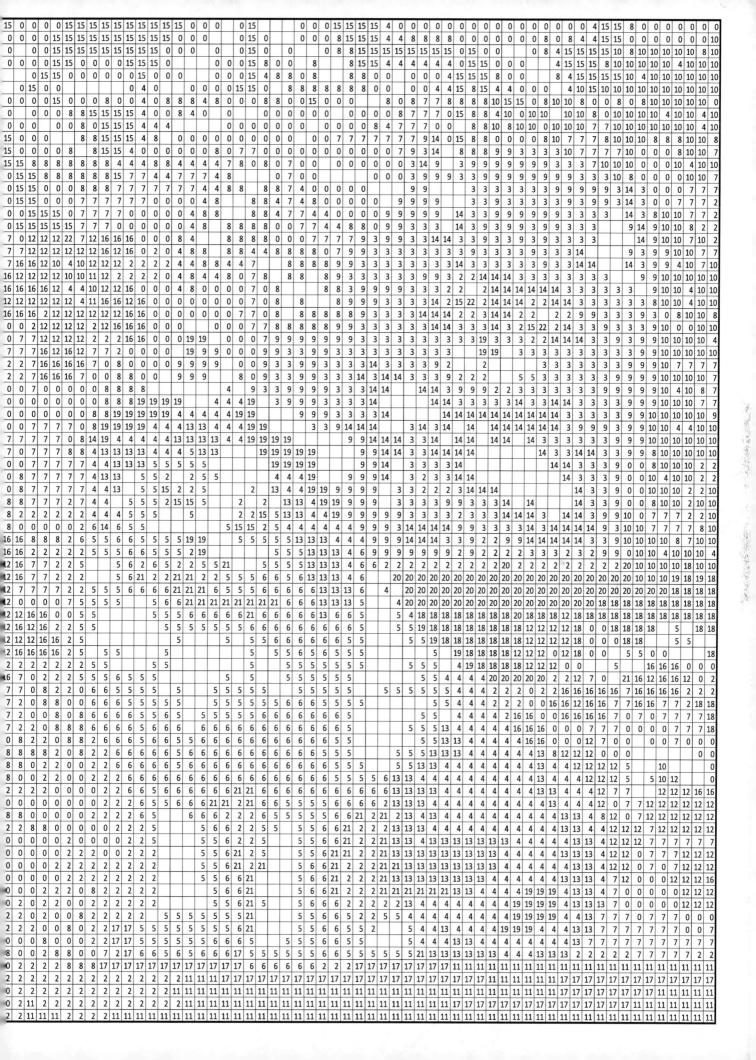

0 (Black)

  (Blank White)

2 (Red)

3 (Dark Purple)

4 (Pink)

5 (Light Orange)

6 (Medium Blue)

7 (Dark Red)

8 (Dark Blue)

9 (Cream)

10 (Bright Green)

11 (Light Blue)

12 (Dark Orange)

13 (Salmon)

14 (Dark Green)

0   (Black)

1   (Dark Pink)

2   (HotPink)

3   (Pink)

4   (Dark Green)

5   (Light Orange)

6   (Medium Blue)

7   (Salmon)

8   (Yellow Green)

9   (Red)

10 (Dark Orange)

11 (Medium Green)

12 (Dark Blue)

13 (Bright Green)

14 (Sky Blue)

24

0 (Bright Green)

1 (Light Blue)

2 (Dark Green)

3 (Black)

4 (Violet)

5 (Light Brown)

(Blank White)

7 (Tan)

8 (Brown)

9 (Dark Purple)

10 (Dark Gray)

11 (Dark Pink)

12 (Dark Brown)

13 (Salmon)

14 (Dark Red)

15 (Dark Orange)

16 (Light Orange)

7 (Yellow)

8 (Pink)

9 (Bright Green)

10 (Red)

11 (Dark Red)

12 (Yellow Green)

13 (Dark Orange)

14 (Dark Brown)

15 (Medium Blue)

16 (Dark Purple)

17 (Cream)

18 (Brown)

19 (Tan)

WE ARE THE BONDUNIBAS.

Thank you for your choice.

All books are made with care & love for people.

We appreciate your feedback with a small review of the book on Amazon.

You help us to make our books better.

Thank You For Being With Us...!

Follow us:

ⓐ amazon.com/author/bondunibas

Made in United States
Orlando, FL
08 September 2024

51274367R00033